7
Lk 3663.

LES PROCÉDÉS DE M. E. PRAROND

RÉPONSE PAR M. LEFILS

LES PROCÉDÉS
DE
M. E. PRAROND

RÉPONSE
PAR
FL. LEFILS

Fas est vel ab hoste doceri

ABBEVILLE

RÉNÉ HOUSSE, IMPRIMEUR-ÉDITEUR

Rue Saint-Gilles, 100

1861

Monsieur,

J'apprends aujourd'hui seulement que vous avez publié contre moi une nouvelle diatribe, et celle-ci sous forme de brochure, avec un titre que je vous renvoie [1]. Comme vous ne m'avez point honoré d'un exemplaire [2], ce qui était plus que de politesse, mais un devoir, j'aurais pu ignorer toujours cette nouvelle attaque, si des collègues, qui ne voient point sans un certain étonnement une humeur aussi injuste, et permettez-moi d'ajouter aussi implacable, ne m'avaient amicalement prévenu de cette autre gra-

---

[1] *Le procédé historique de* M. Lefils, *à propos des histoires de Rue et du Crotoy. Remarques par* E. Prarond, in-8. Abbeville. Briez.

[2] En se dispensant de m'envoyer la brochure, qui pouvait rester un temps infini sans parvenir à ma connaissance, l'écrit a le temps de produire son effet sur l'esprit public. J'adresse le premier exemplaire de cette lettre à M. Prarond.

cieuseté, peu digne d'un écrivain de talent qui se respecte.

C'est donc pour la seconde fois que vous daignez vous occuper de moi et en occuper les autres. Un autre résultat, c'est qu'en même temps on s'occupe de vous, et cela peut avoir son intérêt quand on court après la renommée.

Soixante-huit pages d'une colère rageuse pour éplucher un pauvre auteur, chercher ses erreurs, faire ressortir ses fautes et crier à tous les échos qu'on a été copié, volé, c'est un peu fort; c'est un chef-d'œuvre de tenacité bilieuse, et je ne suis pas le seul à plaindre l'écrivain qui, s'oubliant à ce point, passe son temps à un labeur si peu en harmonie avec de nobles pensées.

Quelque fondé qu'un homme de lettres puisse se croire à formuler de semblables accusations, son action, par cela même qu'elle respire un sentiment de vengeance, laisse une impression pénible dans l'esprit des lecteurs de bon sens. Dans tous les cas, c'est une tache qu'il ne saurait plus effacer. Et quel triomphe que celui obtenu par un semblable moyen ! Triomphe contestable, car la vengeance, toujours passionnée, est aveugle; elle exagère les faits et les dénature, et comme elle s'adresse à des juges de sang-froid, elle gagne rarement les convictions.

Tel est le caractère de la brochure à laquelle je suis obligé de répondre, sous peine d'accepter vis-à-vis du public une partie de vos outrages. En prenant la plume pour l'écrire, vous avez cédé à une chose facile, la critique, le plaisir de la vengeance : on trouve tant de défauts dans les ouvrages des autres, et surtout dans les conditions où le mécontentement vous plaçait.

I

Certainement, ce mécontentement n'a pas d'autre cause que l'apparition d'une histoire de Rue et d'une histoire du Crotoy, presque simultanément avec la publication de vos notices historiques sur ce même canton de Rue. Cette circonstance, à laquelle je n'avais point pensé, excita votre humeur inquiète : on dit, à tort ou à raison, que vous êtes assez infatué de vos moindres écrits et que vous avez un peu la prétention de faire de l'autocratie littéraire à Abbeville. Avec de semblables instincts, il n'est point étonnant qu'on soit disposé à trouver très-infime l'ouvrage du fâcheux, comme vous le dites si bien, qui arrive après coup dans la voie qu'on a suivie, caressée, et au succès de laquelle on attache un orgueil plus ou moins juste. Alors, en lisant l'œuvre de l'imitateur, on laisse exhaler des boutades de ce genre : « Que c'est

» mal écrit! C'est rempli d'erreurs! Cela n'a
» pas le sens commun! J'avais dit cela, et c'était
» bien assez! » Tout-à-coup on découvre autre
chose dans ce livre : certainement on a été
copié ; telle citation d'auteur, on l'avait produite, et n'eût-on dans son ouvrage que vingt
lignes de rédaction, on se croit néanmoins fondé
à crier au plagiat. Dans cette affaire, voilà votre
histoire et la mienne, monsieur Prarond.

Voyez pourtant comme la passion aveugle
parfois notre faible espèce humaine. Il n'y a
aucune ressemblance entre vos notices et mes
deux petits livres. Je voulais faire des histoires
de petites localités, pour le commun des lecteurs,
quelque chose ressemblant un peu à une narration dont l'intérêt pût engager à la lecture, et corriger la sécheresse des faits isolés sur lesquels
je voulais attirer et attacher l'attention. Ce n'est
point là, soit dit sans exciter davantage votre
colère, le caractère et le but de vos notices,
qui ne présentent qu'une nomenclature de dates
et de citations répétées bien souvent et, par conséquent, peu supportables à la lecture; trop
savantes, trop vraies, si je puis m'expliquer
ainsi, pour satisfaire à toutes les intelligences.

Une ligne est donc bien tranchée entre votre
travail et le mien, et si je n'ai point répété votre
nom aussi souvent que vous l'eussiez désiré,
c'est que j'ignorais jusqu'à quel point j'allais

émouvoir votre bile en me promenant dans les sentiers que vous aviez déjà parcourus et où mes pas, cependant, n'avaient point la prétention d'effacer la trace des vôtres. Votre œuvre est un recueil de citations qui ne souffrent point d'écarts, un livre qui n'a pu être écrit que pour des savants, pour rappeler des dates, faire autorité, et qui, à tous ces titres, ira dans les âges futurs; mes deux livres sont des histoires populaires, rattachant aux grands événements dont ces contrées furent le théâtre, des faits particuliers, égarés, inconnus, qui ont un sens bien restreint dans la nomenclature d'où ils sont tirés, et que j'ai dû arranger pour leur prêter de l'intérêt et les faire accepter des lecteurs auxquels je m'adressais. Telle est votre part, telle est la mienne : à vous la bibliothèque du savant, du travailleur; à moi la table et le coin du feu de l'homme du pays.

II

Cependant, comme dans votre rigoureuse susceptibilité, vous m'avez gravement attaqué, je dirai même insulté, et par conséquent profondement blessé, nous allons voir jusques à quel point vous étiez fondé dans vos récriminations et dans votre critique.

Sans doute, pour écrire l'histoire d'un canton ou d'une simple commune, je pouvais me dispenser de faire aucune citation; j'avais à narrer des faits et à les présenter sous la forme la plus capable d'intéresser les lecteurs et de les préparer à des connaissances plus sérieuses; je voulais faire une œuvre d'utilité publique, au point de vue des connaissances qu'elle répandrait dans le pays, et non un travail destiné à faire autorité et à mériter les palmes littéraires. M. Désiré Lebœuf, pour son histoire de la ville d'Eu; M. Bertrand, pour son histoire de Boulogne, et tant d'autres, n'ont pas agi autrement, sans se préoccuper de dire d'où ils tiraient les faits qu'ils exposaient.

Les notes que vous revendiquez en quelque sorte comme vôtres, appartiennent bien certainement au domaine public. Ce sont des passages d'auteurs morts qu'on ne pourra se dispenser de reprendre toutes les fois qu'on voudra écrire sur le pays; et certainement, le travail consciencieux auquel vous vous êtes livré vous attirerait bien des tourments, si nous étions exposés à voir fréquemment paraître des notices sur telle ou telle localité du Ponthieu, car on ne pourrait se dispenser de citer ou même de reproduire à chaque instant des passages déjà connus; et, pour votre part, vous ne seriez occupé qu'à jeter les mains de côté et d'autre pour revendiquer ce qui aurait passé par la filière de vos notices.

III

C'est de vous que vint l'attaque. Vous ne remarquez point le ton acerbe et la violence de cette première diatribe : elle est d'une extrême indulgence, dites-vous. — Je réponds que d'un bout à l'autre elle ne cesse d'être injurieuse.

Vous vous imaginiez donc que j'allais recevoir cette attaque à bout portant sans y répondre ? Vous pensiez que j'allais être écrasé du coup. Justement indigné, je suis, cependant, assez maître de moi pour me borner à annexer à mon histoire de Montreuil un avertissement des plus modérés dans lequel vous n'êtes même pas nommé. Alors votre fureur s'exalte et ne connaît plus de bornes. « Je ne comp- » tais pas pousser la plainte plus loin, dites- » vous, » avec un semblant d'indulgence aussitôt démenti. La colère, le plaisir de la vengeance vous tient en éveil. Beaucoup d'écrivains qui auraient eu pendant un moment une pareille pensée, auraient jeté la plume dès le premier jour; vous avez le triste courage d'y rester attaché pendant six mois. D'après les déclarations d'indulgence de votre préface, j'aurais pu vous croire, si je ne savais qu'avant ma réplique, vous empruntiez déjà ceux de mes ouvrages que vous n'aviez pas, ce qui me valut la très savante note farcie de pur latin de la page 3.

De quel air triomphant vous relevez ces fautes de latin ! Cela ne prouve qu'une chose, c'est que vous avez manqué votre vocation et que vous étiez destiné à l'enseignement. Comme en tout temps il faut savoir profiter de tout, je me réserve, d'après vos observations, d'en faire une étude sérieuse, *fas est vel ab hoste doceri*. Mais reconnaissez cependant, vous qui êtes juste, que parmi ces erreurs il en est beaucoup du genre de celle qui, à la dernière ligne de votre brochure, vous fait terminer par ces mots : « les membres des *société* savantes. » Affaire de correcteur d'imprimerie ; exagération en tout.

IV

En vérité, en parcourant votre brochure, on ne peut s'empêcher d'admirer votre patience. Vous avez réuni autour de vous tous les livres où vous espériez relever des traces accusatrices ; d'un côté vos notices, de l'autre l'*Histoire d'Ab-*

beville, puis tel et tel autre volume; vous les avez lus et relus, vous avez compulsé, annoté, comparé, en y rapprochant mes livres, et de ce travail, dont vous seul peut-être étiez capable, il est sorti cent quarante-cinq annotations de ce genre, pour les formuler en accusations :

3° *grief.* « Les Druides érigeaient des hécatombes.— Qu'est-ce qu'ériger des hécatombes ? »

Chez les anciens, une hécatombe était un sacrifice de cent bœufs, immolés sur cent autels dressés, élevés ou *érigés* à cet effet. Eriger des hécatombes, peut se dire en dépit du purisme le plus rigoureux.

4° *grief.* « La forêt de Crécy prêtait beaucoup aux pratiques du druidisme.— Cela est assez probable, mais où M. Lefils l'a-t-il vu ? »

Quelle subtilité de pensée pour trouver matière à critique !

5° *grief.* « Bavardages sur les invasions franques. »

En quoi vous trouvez-vous donc blessé ?

8° *grief.* « Pendant cinquante ans encore, les mêmes désastres se renouvelèrent. Rue et son territoire ne représentaient plus que des ruines. — Où M. Lefils a-t-il trouvé tout cela ? »

Je pourrais, en lisant vos livres d'histoire, vous adresser cinquante questions semblables, mais ce serait de la stupidité.

9ᵉ *grief.* « Les passions barbares du Franc et du Vandale. — Est-ce que les Vandales vinrent jamais à Rue ? »

Je puis vous répondre : prouvez-moi qu'ils n'y vinrent pas.

14ᵉ *grief.* « Un jour qu'il se trouvait à Montreuil. — Est-ce bien sûr ? »

Et tant d'autres observations de ce genre. « Je » n'attacherai à ses pages que cent ou deux cents » remarques, » disiez-vous dans la préface de cet étonnant factum. — De cette façon, il vous était facile d'emplir toutes les marges. Mais quelles observations !

Et voilà sur quels témoignages vous vous permettez d'appeler sérieusement le public pour juge, en rappelant avec emphase qu'un grand poète n'a pas dédaigné de se faire le champion du droit littéraire à poursuivre personnellement les contrefaçons, etc., etc. C'est tout simplement prouver qu'on est fanatique de ses productions, mais les aimer au point de mépriser et de dénigrer celles des autres, c'est jeter le blâme sans raison, c'est manquer de dignité autant que de générosité, c'est abaisser son talent jusqu'à la calomnie.

Il est vrai qu'il est quelques-uns de ces paragraphes où vous m'accusez directement avec votre logique ordinaire. Je vais en donner un échantillon.

1er *grief.* « D'autres auteurs prétendent qu'un comte de Ponthieu fonda cette ville en l'honneur du Saint-Esprit et la nomma Rue, parce que ce mot, en hébreu, signifie *esprit.*— Pourquoi ne pas dire que cette opinion appartient au P. Ignace, ou du moins que cet historien la recueillit comme tradition locale? Voyez, pour le rapprochement que j'invoque, mes NOTICES SUR L'ARRONDISSEMENT D'ABBEVILLE, tom. II (ou CANTON DE RUE), p. 18. »

A cette question, j'ai eu le plaisir d'entendre quelqu'un répondre pour moi : — Rivalité d'auteur : vous êtes orfèvre, monsieur Josse !

7e *grief.* « M. Lefils n'a pas eu grand'peine à trouver l'avis du curé Blier sur la voie du prêtre. Voyez CANTON DE RUE, p. 116. »

Le registre du curé Blier, écrit de sa main, existe à Rue. Vous avez pu le consulter aussi bien que moi ; mais enfin, c'est à cette source que j'ai puisé et non à vos notices. Quant à la vie de saint Wulphy, elle ne vous appartient pas, monsieur Prarond.

16e *grief.* « Guy octroya, dès 1170, aux habitants.... Voyez notre *canton*, p. 39 ; mais passons. »

C'est ce que vous aviez de mieux à faire, si vous aviez eu une bonne inspiration ; passons et passons sur tout, car si on a la patience de continuer, on ne peut s'empêcher de lever les épaules.

Je ne vais point plus loin : nous aurons occasion de parcourir.

— 16 —

Je rappellerai, par exemple, une note où votre humeur frondeuse trouve à railler avec son bon sens ordinaire. C'est au sujet de l'anecdote racontée par M. de Pongerville. Notre honorable compatriote me la raconta plusieurs fois; il tenait beaucoup à ce que je l'insérasse dans l'*Histoire de Rue;* il la raconta encore en ma présence à M. Jobard, et j'en pris immédiatement note, afin de ne point l'oublier. On sait que les gens du Marquenterre disent *les fièves* [1], et que cette affection revient périodiquement à ceux qui en sont atteints. Tel était alors le déplorable état sanitaire de ce pays marécageux, que les habitants savaient à l'avance l'époque où ils éprouveraient le retour de ces fièvres intermittentes. Je n'ai, sans doute, pu reproduire le ton et l'expression que donne le spirituel académicien à cette anecdote, mais elle est vraie, et nos lecteurs ont déjà compris la portée de votre observation, monsieur Prarond.

V

Voilà pourtant comme vous avez grossi votre brochure pour en faire un volumineux dossier d'accusations dont bien souvent on cherche la raison, et qui, aux yeux du plus grand nombre,

---

[1] Les *fièves*. La fièvre. *Traner les fièves*, trembler les fièvres. *Glossaire du patois picard.* M. Jules CORBLET.

n'a d'explication que dans un sentiment irréfléchi de jalousie.

Beaucoup d'autres passages de mes livres, que vous rapprochez d'une manière insidieuse de vos notices, se retrouvent en entier dans les manuscrits de M. A. Mesnière, écrits en 1843, et que vous aviez vus avant moi. Je dis, dans ma préface de *l'Histoire de Rue*, que je remercie M. Mesnière et M. Lasalle, de Rue, qui ont mis à ma disposition beaucoup de notes par eux recueillies. Mon tort, j'en fais ici l'aveu, et je vous en demande pardon, est de n'avoir point rappelé, dans cette même préface, que vous aviez aussi droit à mes remerciements. J'ignorais que j'allais me faire un implacable ennemi.

Mes yeux tombant sur l'avant-dernière page, j'y vois que, dominé par ce même esprit de vengeance qui ne vous quitte pas pendant tout le temps de votre élucubration, vous ne vous contentez pas de ce qui peut vous concerner. « Je parle pour tout le monde » dites-vous dans votre préface. Partant de là, vous cherchez à indisposer contre moi les hommes respectables que vous supposez devoir se prendre à la contagion de votre fièvre rageuse. Vous rapportez une assez longue tirade que vous affirmez être copiée sur M. Louandre. Je ne nie pas que ce passage soit dans *l'Histoire d'Abbeville*, mais j'ai fort heureusement conservé le manuscrit d'où je l'ai tiré, et l'écriture autant que le papier reporte son ancienneté à plus d'un demi-siècle.

« Si nous nous livrions à un examen littéraire, dites-vous encore quelque part, que de misères encore à relever, si ces misères en valaient la peine. » C'est charmant, et, si misères il y a, comme ce mot est bien placé sous votre plume, comme il est généreux de la part d'un adversaire ! Et pourtant, quelle contradiction ! C'est sur de semblables misères que vous bâtissez un échafaudage de 68 pages. Si j'étais animé de votre esprit de dénigrement, je pourrais vous répondre : Voyez donc la poutre que vous avez dans l'œil.

Vous voulez bien reconnaître, cependant, que je ne vous ai point copié les passages de navigation, d'hydrographie, les fortifications de Rue et quelques autres dont je ne retrouve plus l'indication dans votre recueil. C'est fort heureux que les titres où j'ai puisé ces renseignements ne vous soient point préalablement passés sous les yeux, vous auriez bien assurément trouvé le moyen de démontrer, avec votre incomparable logique et vos accents de victime [1], que ces notes étaient tombées de votre bagage.

Je ne retrouve pas non plus dans cet imbro-

---

[1] Contrairement à ma nature, j'ai rompu la règle de cette quiétude, ma clôture de moine et mon système pratique de vie. (page 56 de la brochure.)

glio, un passage dans lequel vous cherchez à insinuer que j'ai dû calquer ma préface de l'*Histoire de Montreuil* sur un de vos écrits. En vérité, c'est trop fort : si on vous laissait dire sans réplique, de mes constants et laborieux travaux, il ne me resterait plus rien.

VI

J'ai sur notre histoire locale, beaucoup de notes dont quelques-unes sont inédites et proviennent d'auteurs que vous seriez sans doute étonné de voir en ma possession. Serais-je donc forcément obligé de n'en point faire usage, sous peine d'être accusé de plagiat, si par hasard vous les avez aussi ? Je prépare sur l'embouchure de la Somme un travail géologique et historique qui comprendra nécessairement le gué de Blanquetaque. J'ai à ce sujet des documents que je croyais posséder seul ; mais voilà que, dans votre notice sur Noyelles, vous me devancez dans la publication d'une des notes dont je me croyais seul dépositaire. J'ai en plus, peut-être, le plan du gué qui était joint au texte et que j'ai copié aussi : ce sera sans doute pour moi une preuve que j'ai puisé ailleurs que chez vous.

Voilà l'inconvénient d'être deux à écrire simultanément l'histoire de la contrée : il arrive par fois que celui qui a les poumons moins forts, entend l'autre crier qu'il a été volé. Je ne ferai point l'injure d'étendre cette remarque à tous les écrivains.

VII

De la part d'un littérateur qui n'est point sans mérite, on devait attendre de la modération et de la dignité ; on croit au semblant d'indulgence qu'il affecte ; mais on ouvre à peine la brochure que cette indulgence est aussitôt appréciée à sa juste valeur. Quant à moi, je n'avais point compris jusqu'à présent qu'un écrivain, sûr de sa supériorité, pût tenir l'étonnant langage de votre préface et attacher son nom à une attaque aussi violente et aussi irréfléchie. J'en fais une triste expérience, car j'ai affaire au plus tenace champion de la plume qui se soit rencontré depuis Cotin et Pradon.

Et encore, si votre colère était bien motivée : mais, par l'exposé même de vos griefs, il n'est personne qui ne l'ait jugée injuste, exagérée. Beaucoup de vos propres amis se sont récriés et n'ont pu s'empêcher de dire : « Où donc en voulait-il venir avec sa préface emphatique ? »

On s'attendait à voir justifier une accusation foudroyante, et, en parcourant les cent quarante-cinq paragraphes et les amplifications de leurs notes, on pense tout naturellement à la montagne qui accouche d'une souris.

En effet, vous vous plaignez qu'on ait fait usage de vos notes sans vous nommer, et pourtant, votre nom revient plus de vingt fois dans chacun des deux ouvrages ; je dis même quelque part que *je puise largement* dans les notices de M. Prarond. Ce n'était donc pas assez ? Il fallait vous nommer à chaque page ; faire de votre recueil un éloge exagéré, ou bien, vous imitant entièrement dans votre scrupuleuse exactitude, mettre à la fin de chaque paragraphe : *cité par M. Prarond.*

Vous convenez vous-même, d'ailleurs, que je vous cite ; mais vous le faites de si mauvaise grâce que vous montrez à jour la véritable cause de votre humeur pointilleuse.

Au 20° grief, vous dites :

« M. Prarond, dit M. Lefils, qui a compulsé avec une patience admirable les notes si souvent indéchiffrables du laborieux bénédictin... — Merci du compliment.

Peut-on une preuve plus évidente d'intention arrêtée de trouver à redire sur tout ? On conçoit que toutes ces remarques d'une complète insignifiance, grossissent la brochure outre mesure et augmentent d'autant les prétendus torts que je cause à votre future gloire. Vous dites pourtant, toujours avec cette feinte indulgence que j'ai signalée :

« Je n'attacherai, d'ailleurs, à ses pages que cent ou deux cents remarques. On pourrait bien autrement noircir les pages. »

Je le crois. Mais quelle vérité, quelle indulgence, quel bon goût ! et comme, malgré tout, l'oreille perce au bout de chaque ligne !

Ce n'est pas tout. Vous continuez ainsi l'exposé de ce grief :

« Mais les notes de dom Grenier sont, au contraire, très rarement indéchiffrables, ainsi qu'a pu le remarquer M. Lefils s'il a quelque peu feuilleté la collection sur la Picardie. *Laborieux* me paraît une épithète maigre pour l'homme qui personnifie cette collection. »

Ou vous avez peu compulsé Dom Grenier, ou vos souvenirs vous font défaut. Je répète que Dom Grenier est indéchiffrable ; non-seulement des pages, mais des registres entiers sont composés de fragments de papier morcelés, déchirés, collés en tous sens sur les feuillets ; l'encre est très souvent jaunie, l'écriture de différentes mains. Dom Grenier était un collectionneur qui recueillait toutes les notes qui pouvaient grossir ses dossiers ; il sauva ainsi de l'oubli une foule de faits historiques qui, sans lui eussent été perdus : sous ce rapport, l'histoire locale lui doit beaucoup. Mais je ne vois point où tend votre observation, si ce n'est encore pour accumuler à plaisir les griefs et donner du poids à votre réclamation. Certainement, bien que j'estime infiniment le laborieux bénédictin, je ne parlerai point de lui comme je parlerais de Montesquieu ; de même que, de nos jours, je ne mettrai point sur la même ligne, des écrivains d'un mérite réel, tels que nous en avons près de nous, avec un homme de plume qui aurait plus de jactance que de fond.

Beaucoup d'autres griefs encore sont de cette force. On se demande ce qu'ils prouvent, si ce n'est l'aversion que certains auteurs éprouvent pour les écrits des autres. Quelqu'un me faisait une remarque juste : M. Prarond a fait une brochure de ses plaintes ; c'est un nouveau volume ajouté à ses œuvres. En effet, on y trouve bien, par ci par là, quelques traces d'érudition placées pour prouver une certaine supériorité de talent, que je vous octroie sans conteste.

VIII

Vous avez voulu vous poser en victime, formuler une plainte et, pour atteindre votre but, vous déchirez à belles dents tout ce que votre adversaire a pu écrire, ce qui ressemblerait assez à de la fureur envieuse et jalouse, si les écrits sur lesquels vous vous escrimez méritaient cet honneur. Et pourtant, en feuilletant vos notices sur l'histoire de Rue, je retrouve, à la page 301, une citation qui, alors, me valut de votre part quelques mots agréables : vous me demandez pardon de me prendre un instant pour collaborateur, et vous rapportez deux pages entières que j'avais publiées sur l'abbaye de Valoires. Je me demande comment il se fait que jugeant alors mes pages dignes de figurer dans vos notices, il n'est pas un mot maintenant qui ne soit sujet à votre critique et à vos sarcasmes? Alors aussi vous aviez pour moi, dans les journaux, quelques mots flatteurs, trop flatteurs. Et malgré le ressentiment bien naturel que j'éprouve en ce moment, je ne puis m'empêcher encore de vous dire que j'en étais confus.

Mais autant je sais être reconnaissant des bons procédés, autant je me relève indigné quand je vois un écrivain méconnaître son caractère au point de chercher des griefs où il n'en existe pas, prendre les écrits des autres avec l'intention arrêtée d'avance de les critiquer quand même, y chercher des fautes, des erreurs, des intentions coupables, les amplifier, en ridiculiser le sens et la forme, s'armer enfin de tout son courroux pour déverser sur l'auteur tout le fiel d'une critique injuste et passionnée. Alors le calme fait place à l'indignation ; on comprend qu'il soit permis à l'homme ainsi outragé de se défendre par tous les moyens que lui présentent les faits.

Si réellement vous étiez pénétré de cet esprit d'indulgence dont vous faites parade et qui est si naturel au vrai mérite ; si vraiment, dans votre croyance, vous étiez fondé à vous plaindre de moi, que ne veniez vous me trouver ? Nous nous serions expliqués : on n'attaque point les gens sans les prévenir qu'on a à se plaindre d'eux, afin de s'assurer si on a tort ou raison de céder à son esprit de récrimination. Mais, alors même que vous élaboriez votre première épître, je vous rencontrai plusieurs fois, nous nous parlâmes : rien ne me laissait supposer que vous cherchiez à m'assommer.

Bien mieux, dans ce temps même, je vous fis part d'une réclamation qui m'était adressée de Brailly, sur un article erroné de vos notices, relatif à M. de Lannigou. On me priait d'insérer cette réclamation dans le *Pilote*. J'aurais cru, en y accédant, manquer de convenances envers un confrère ; je vous en parlai : je préférais que vous fissiez vous même cette rectification dans votre volume de notices, et j'en prévins l'auteur de la réclamation. Cette rectification parut, mais puisque vous êtes si scrupuleux, vous auriez pu dire comment elle vous était venue.

Il n'est pas davantage question de moi dans d'autres petites notes telles que les cloches de Nouvion ; c'est pourtant à moi que vous les devez.

Vous me parlez du bedeau de Rue, Alexandre Mesnière, et vous dites, dans votre 31ᵉ grief :

« Page 140. Tous les bas champs inondés, à la réserve des foraines. » — M. Lefils vient enfin de citer le manuscrit de M. Mesnière ; il était bien temps.

Comme dans beaucoup d'autres citations de ce genre, vous faites erreur : je parle de M. Mesnière dans ma préface et dès la page 6 ; son nom est ensuite fréquemment rappelé dans le cours de l'ouvrage. C'est, au contraire, vous qui avez été d'une grande réserve à son égard, et très souvent les citations que vous supposez empruntées à vos notices, viennent du manuscrit que vous rappelez.

Quant à votre réclamation n° 29, elle concerne un article que je possédais dans ma famille depuis très longtemps.

Je suis bien aise que mon histoire du Crotoy vous ait paru devoir donner, sur l'évasion du duc de La Rochefoucault, les explications contenues dans votre 42ᵉ grief de la seconde série. Votre histoire de Rue disait vaguement que vous alliez fixer cette anecdote « le plus exactement qu'il se pourra *sur des notes*[1] qu'un anonyme eut l'obligeance de vous faire passer. » Dans votre pamphlet vous qualifiez ces notes *d'indications*. Comme, d'après votre aveu, quelques années se sont écoulées depuis cette communication, il n'est point étonnant que vous ayez oublié qu'il ne s'agit ni de notes ni d'indications, mais que la narration de M. Souverain, copie d'une lettre adressée par lui à M. de La Rochefoucault-Liancourt, pour l'intéresser à l'édification d'une nouvelle église au Crotoy, a été *reproduite dans son entier* par vous. (J'en ai le double [2].) Il est certain que, d'après la modestie de votre déclaration (page 183 du canton de Rue), le lecteur qui voit votre nom en tête de l'ouvrage, peut croire que cette rédaction, la plus intéressante des notices, vous appartient de bon aloi, et pourtant il n'en est rien. La note marginale qui l'accompagne [3] a

[1] Des *notes* sont de simples indications écrites sur lesquelles on brode un récit. On ne saurait interpréter autrement cette expression.

[2] J'avais écrit cette anecdote dès 1829, sur les indications de M. Delahaye, fils du personnage qui y joue un rôle très honorable.

[3] Voici cette note :
Ainsi, et dans toute la suite de cette notice va se trouver rectifiée l'erreur de la *Biographie universelle* de Feller, 7ᵉ volume, page 296, dans laquelle on lit, au-dessous du nom du duc de La Rochefoucault-Liancourt :

« La journée du 20 juin 1792, lui ayant fait connaître les dangers que courait le roi, il proposa à ce prince de se retirer en Normandie avec sa famille, lui offrant de tout préparer pour assurer son évasion. Sa proposition n'ayant pas été acceptée, et la révolution du 10 août ayant tout renversé, le duc de Liancourt n'eut que le temps de s'enfuir et de s'embarquer au Hâvre, d'où il se rendit en Angleterre et passa en Amérique où il résida jusqu'en 1799. »

La rédaction de cette note et les recherches qu'elle constate sont dues à M. Adolphe Bizet du Crotoy, qui tient avec beaucoup d'ordre un registre détaillé de tous les faits anciens et modernes dont son pays a été le théâtre.

aussi son auteur, ce n'est point M. Souverain, et cet auteur m'a depuis très-longtemps témoigné son mécontentement de vous voir l'accaparer à votre profit.

La fête de Saint-Pierre [1] est aussi une petite description qui donne de l'intérêt et du piquant aux pages très-sèches de vos notices; mais ce passage est en entier de M. Adolphe Bizet, qui vous le fit remettre par M. Jeunet.

Il est fâcheux pour vos notices que vous n'ayez pas eu davantage de communications aussi désintéressées.

Je ne prétends point donner à ces faits plus d'importance qu'ils n'en ont; mais comme vous annoncez que vous relèverez en même temps quelques-unes de vos propres erreurs, que vous voulez marcher dans une impartialité aussi *sévère* pour vous que pour moi, je vous rappelle ce que vous oubliez, quant à ce qui est à ma connaissance.

J'aurais bien encore quelques autres petites observations à faire, mais je répéterai aussi : « passons, je n'insiste pas. »

Loin de moi l'idée de suspecter votre bonne foi; mais en rapportant ces faits, j'ai tenu à vous rappeler et vous démontrer qu'avec les meilleures intentions, on n'est point toujours à l'abri des omissions et des négligences, et, par suite,

[1] *Notices sur le canton de Rue*. E. Prarond, p. 204.

d'interprétations malveillantes de la part de gens prompts à juger sur les apparences.

IX

J'aurais voulu éviter ces confidences désagréables, dont l'un et l'autre nous rendons le public juge ; personne ne dira que je n'y suis point autorisé par votre procédé à mon égard : vous m'avez précédé dans cette voie, j'en ai regret et pour vous et pour moi. Dans le désir d'éviter cette polémique scandaleuse, j'avais répondu le plus modérément possible ; avec un peu de réflexion, je dirai même avec un peu d'indulgence, vous eussiez compris que tout devait être dit. Vous n'avez pas voulu, et, vous excitant vous-même à trouver de nouveaux torts dans ma réplique inoffensive, vous êtes sorti des bornes et avez ajouté l'outrage à la calomnie ; mauvais moyen dont vous aurez regret un jour, car cette brochure restera comme une tache à vos écrits.

Les histoires que vous incriminez peuvent être fautives ; elles le sont : laissez donc au public le soin de les juger. Sous votre plume, ils sont sans force et sans portée ces paragraphes que vous accumulez pour relever des fautes de style, des erreurs de chronologie ou d'histoire ; pour revendiquer des citations et des passages. On y attache naturellement une idée de jalousie d'auteur qui, malgré des suppositions vraisemblables, n'était peut-être pas dans votre esprit. « Il se fâche, donc il a tort ! » disait je ne sais plus quel philosophe. C'est ce qu'on a déjà dit de vous, et vos torts ressortent de la lecture même de votre diatribe.

Abaisser les autres pour se grandir soi-même est rarement un moyen de persuasion : on croit difficilement celui qui parle ou qui écrit avec colère, qui exagère les faits, les amplifie et en dénature la raison. Celui qui croit s'assurer le triomphe par ces clameurs, n'arrive bien souvent qu'à faire preuve d'un esprit mesquin et d'idées peu élevées. Lorsqu'on a l'honneur de faire partie de Sociétés savantes, et surtout lorsqu'on veut en appeler à leur jugement, il faut bien s'assurer que la cause qu'on leur soumet mérite leur attention, et non les rendre témoins d'un scandale public dont on s'est rendu à plaisir l'instigateur, et qui ne peut que déconsidérer l'homme de lettres.

Je pourrais prolonger encore cette réponse, anatomiser aussi votre opuscule, mais déjà cette réplique s'est étendue plus loin que je ne voulais ; je m'arrête. Si vous jugiez devoir prendre encore la plume pour ajouter de nouveaux griefs à ceux qui emplissent déjà votre brochure, si vous vouliez *noircir les marges*, je le verrais avec douleur, et, cependant, je vous préviens à l'avance que je n'y répondrais plus, car, dans ce cas, les attaques et les répliques sont toujours tenues au même niveau ; l'une et l'autre ne laissent que de la honte et des regrets. Croyez-moi, si vous voulez continuer cet antagonisme, c'est sur un terrain plus noble qu'il conviendra de nous placer ; c'est à faire assaut d'œuvres utiles : vous êtes jeune, et, toute raillerie à part, vous avez fait vos preuves ; personne ne doutera que dans cette voie vous parveniez bientôt à me distancer. Croyez que, pour ma part, j'y applaudirai de grand cœur.

F. LEFILS.

Abbeville, le 12 mars 1861.

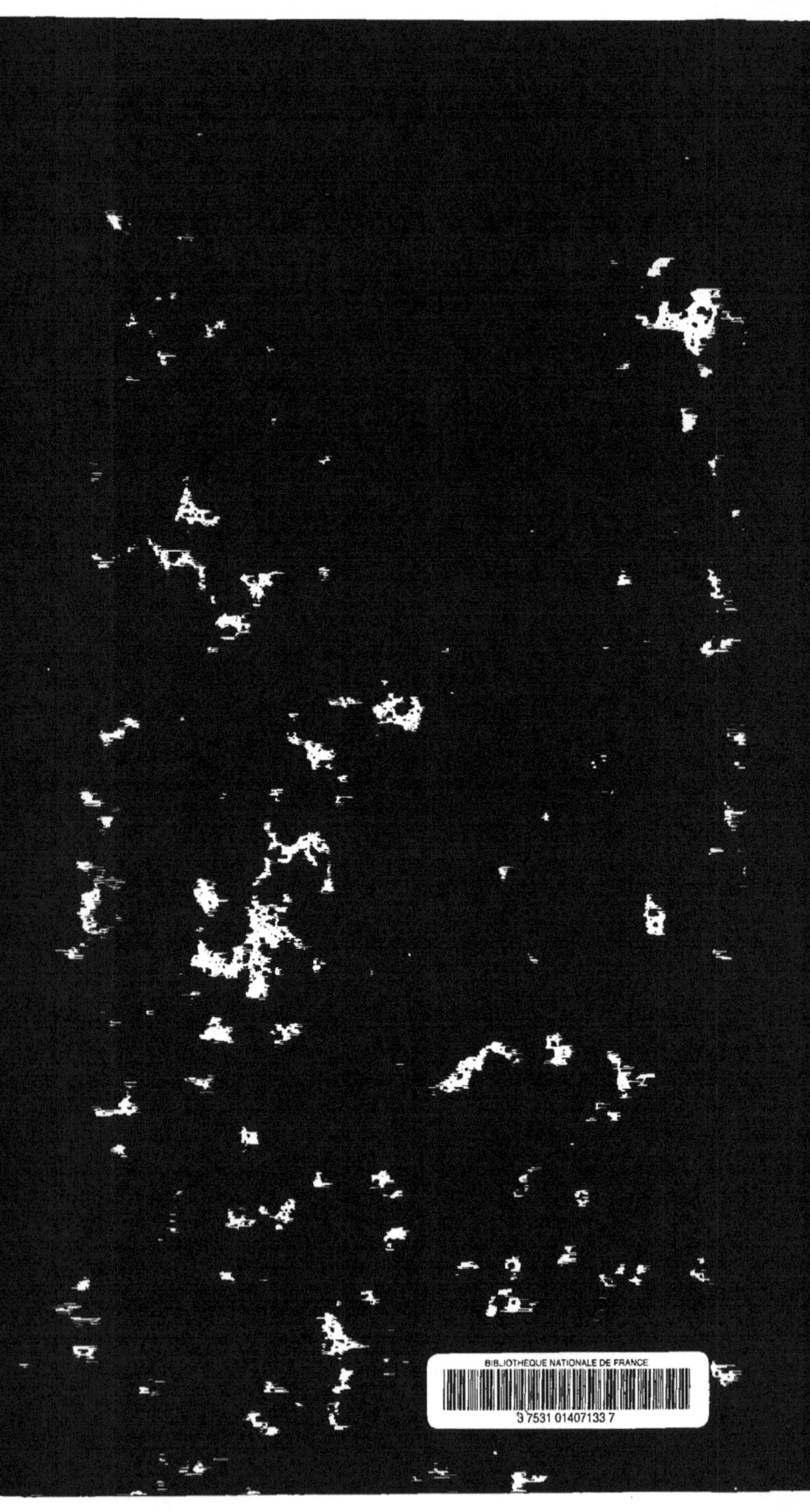

www.ingramcontent.com/pod-product-compliance
Lightning Source LLC
Chambersburg PA
CBHW060956050426
42453CB00009B/1200